Yo soy el hipopótamo

Aaron Carr

El enriquecido libro electrónico AV² te ofrece una experiencia bilingüe completa entre el inglés y el español para aprender el vocabulario de los dos idiomas.

This AV² media enhanced book gives you a fully bilingual experience between English and Spanish to learn the vocabulary of both languages.

Spanish **English**

Navegación bilingüe AV²
AV² Bilingual Navigation

Tengo pelo que funciona como un impermeable.

CERRAR
CLOSE

INICIO
HOME

CHANGE LANGUAGE
ENGLISH | SPANISH
OPCIÓN DE IDIOMA
LANGUAGE TOGGLE

CAMBIAR LA PÁGINA
PAGE TURNING

VISTA PRELIMINAR
PAGE PREVIEW

Yo soy el hipopótamo

En este libro te enseñaré acerca de

- mí
- mi alimento
- mi casa
- mi familia

¡Y mucho más!

3

Soy un hipopótamo.

Paso hasta 16 horas en el agua todos los días.

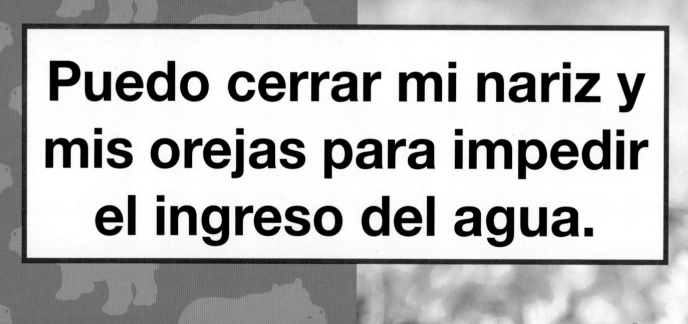

Puedo cerrar mi nariz y mis orejas para impedir el ingreso del agua.

Mi sudor es rosado y pegajoso lo que evita que mi piel se seque demasiado.

Mis labios miden dos pies de ancho.

13

Puedo comer 80 libras de pasto en una noche.

Doy a luz a mi bebé debajo del agua. Mi bebé puede nadar inmediatamente.

17

Vivo con otros hipopótamos en un grupo denominado vaina. Hay 15 hipopótamos en mi vaina.

Mis dientes están hechos de marfil.

Soy un hipopótamo.

DATOS DEL HIPOPÓTAMO

Estas páginas proveen información detallada que amplía los datos interesantes que se encuentran en el libro. Están destinadas a ser utilizadas por adultos como apoyo de aprendizaje para ayudar a los jóvenes lectores con sus conocimientos de cada animal maravilloso presentado en la serie *Yo soy*.

Páginas 4–5

Soy un hipopótamo. El hipopótamo es el tercer animal terrestre más grande del mundo, después del elefante y el rinoceronte blanco. El hipopótamo promedio mide hasta 5 pies (1,5 metros) de alto, y 11,5 pies (3,5 m) de largo en promedio. Un hipopótamo completamente desarrollado puede pesar hasta 8.000 libras (3,629 kilogramos).

Páginas 6–7

Paso hasta 16 horas en el agua todos los días. El nombre *hipopótamo* significa "caballo de río" en griego antiguo. Los hipopótamos pasan gran parte de su día sumergidos en el agua para mantener sus cuerpos fríos. Los hipopótamos son buenos nadadores, pero sus cuerpos pesados les permiten caminar bajo el agua.

Páginas 8–9

Puedo cerrar mi nariz y mis orejas para impedir el ingreso de agua. Los ojos de los hipopótamos, sus orejas y su nariz se encuentran en la parte superior de su cabeza, permitiéndoles ver, escuchar y respirar mientas tienen el resto de su cuerpo bajo el agua. Al sumergirse, pueden cerrar su nariz y sus orejas. Los hipopótamos pueden mantener la respiración durante cinco minutos.

Páginas 10–11

Mi sudor es rosado y pegajoso. La piel de los hipopótamos libera un aceite rosado pegajoso que parece sangre. En realidad, este aceite no es sudor. Es un tipo de bloqueador solar que protege la piel del hipopótamo contra los rayos del sol. También ayuda a evitar que la piel del hipopótamo se seque y se agriete, e incluso funciona como un antibiótico.

Mis labios miden dos pies (0.6 m) de ancho. El hipopótamo es conocido por su enorme boca. Su ancha y cuadrada boca le ayuda a tomar alimentos. Puede abrir su boca 150 grados de ancho. La abre para alimentarse y cuando se siente amenazado. También abre su gran boca para permitir que otros animales, como pájaros, limpien sus dientes.

Puedo comer 80 libras (35 kg) de pasto en una noche. Luego de pasar el día en el agua, los hipopótamos salen en busca de alimentos durante la noche. Los hipopótamos comen pasto, pero también se alimentan de hojas, hierbas y frutos. Al buscar su alimento pueden caminar hasta 6 millas (10 kilómetros) en una noche.

Doy a luz a mi bebé bajo el agua. Las crías de los hipopótamos pueden pesar hasta 100 libras (45 kg) al nacer. Se alimentan de la leche de su madre. Incluso pueden tomar leche estando bajo el agua. Las crías a veces trepan a la espalda de su madre para salir del agua.

Vivo con otros hipopótamos en un grupo denominado vaina. Los grupos de hipopótamos se pueden llamar vainas, manadas, rebaños o bandadas. Pueden incluir hasta 30 animales. La mayor parte de una vaina está compuesta por hembras y sus crías y también por un solo macho que controla el territorio.

Mis dientes están hechos de marfil. Los hipopótamos pueden tener dientes de hasta 12 pulgadas (30 centímetros) de largo. El marfil de los hipopótamos es valioso. Desde el siglo XIX, las poblaciones de hipopótamos han disminuido constantemente debido a la caza. Actualmente están en extinción en muchas áreas. Se considera que algunos tipos de hipopótamos están en grave peligro de extinción.

¡Visita www.av2books.com para disfrutar de tu libro interactivo de inglés y español!

Check out www.av2books.com for your interactive English and Spanish ebook!

1 **Entra en www.av2books.com**
Go to www.av2books.com

2 **Ingresa tu código**
Enter book code

T 5 5 7 5 8

3 **¡Alimenta tu imaginación en línea!**
Fuel your imagination online!

www.av2books.com

Published by AV² by Weigl
350 5th Avenue, 59th Floor New York, NY 10118
Website: www.av2books.com   www.weigl.com

Library of Congress Control Number: 2014932960

ISBN 978-1-4896-2105-4 (hardcover)
ISBN 978-1-4896-2106-1 (single-user eBook)
ISBN 978-1-4896-2107-8 (multi-user eBook)

Printed in the United States of America in North Mankato, Minnesota
1 2 3 4 5 6 7 8 9 0   18 17 16 15 14

032014
WEP280314

Project Coordinator: Jared Siemens
Spanish Editor: Translation Cloud LLC
Art Director: Terry Paulhus